Delphine Thibault

BASTELMATERIAL *kinderleicht* SELBERMACHEN

20 Rezepte zur Herstellung von Knete, Fensterfarbe, Salzteig und Co.

CV

Für meinen Sohn, ein angehender Künstler, ungefilterter Tester
und unparteiischer Richter.

Für meinen Mann,
meinen täglichen Abenteuerpartner.

Inhalt

»Kreativität ist Intelligenz,
die Spass hat.«

Albert Einstein

Vorwort der Autorin

Ich bin seit elf Jahren Grundschullehrerin und Mutter eines fünfjährigen Jungen. Ich habe schon immer gerne gebastelt, genäht und kreiert, ob zu Hause oder bei der Arbeit. Ich möchte diese Leidenschaft an meinen Sohn weitergeben und ihm den Wunsch vermitteln, all das zu erfinden, was ihm in den Sinn kommt. Kunst ist eine großartige Inspirations- und Ausdrucksquelle, die es mir ermöglicht, mich zu entspannen und meine Kreativität zu fördern.

Seit mehreren Jahren stelle ich meine Projekte in den sozialen Netzwerken und in meinem Blog »Tablettes et Pirouettes« vor, um mich mit anderen auszutauschen und meine Erfahrungen weiterzugeben.
Außerdem betreibe ich mit meinem Mann ein »Fab Lab«, ein kreatives Labor, das der DIY-Kultur gewidmet ist und sich auf neue Technologien bezieht. Dort verwenden wir 3D-Drucker, Lasercutter und andere Robotikinstrumente, um etwas zu kreieren, aber auch mit einfachen Dingen, die man zu Hause hat, ist so vieles möglich!

Einleitung

Sicher haben wir alle als Kinder oder Erwachsene viele Stunden damit verbracht, zu zeichnen, zu malen, zu modellieren, zu basteln – einfach zu gestalten. Diese Aktivitäten befreien den Geist und fördern die Fantasie. Sie tragen zum persönlichen Wohlbefinden, zur Kreativität und zur Entwicklung unserer manuellen Fähigkeiten bei.

In der Vorschule finden diese Aktivitäten bei Kindern unter 6 Jahren fast täglich statt, später oft nur noch wöchentlich oder monatlich. Dabei sind auch ältere Kinder in der Regel sehr eifrig bei der Sache: Es macht ihnen Spaß, mit ihren Händen zu gestalten und mit neuen Techniken sowie ungewöhnlichen Materialien zu experimentieren. Außerschulische Workshops (in Tagescamps, Ferienlagern, Freizeitzentren usw.) bieten oft diese Art von kreativen Aktivitäten an, die allen Spaß machen!

Ab März 2020 erlebten wir, bedingt durch die Corona-Pandemie, alle diese neue Beschränkung, die mit Zwängen, aber auch mit Experimenten verbunden war. Wir mussten uns mit dem behelfen, was wir vorrätig hatten, da wir nur das Nötigste einkaufen konnten. Während dieser Zeit musste mein Sohn, damals ein Kindergartenkind im besten Alter, zu Hause jenen kreativen Aktivitäten nachgehen, die er im Hort so liebte. Und ich fand es toll, zu beobachten, wie er sich alle möglichen Geschichten dabei ausdachte – ob beim Malen oder beim Modellieren von Knetfiguren.

Was die berufliche Seite angeht, so musste auch ich meine Schüler*innen im Rahmen von Online-Übertragungen unterrichten. Aber ich bot ihnen jede Woche kreative Herausforderungen abseits des Computers an; eine gute Möglichkeit, um abzuschalten und ihre haptischen Erfahrungen anschließend mit Gleichaltrigen digital zu teilen.

Nicht alle von uns (auch nicht alle Lehrer*innen) haben zu Hause einen Schrank voller Farben, Kreiden, Knetmasse und Tuschen zur Verfügung. Also habe ich mich auf die Suche nach Rezepten gemacht, um Ersatzmaterialien zu entwickeln, mit denen mein Sohn und meine Schüler*innen ihre kreativen Aktivitäten auch zu Hause fortsetzen konnten.

Was mich außerdem anspricht, ist die Suche nach umweltverträglichen Naturmaterialien. Wenn man beispielsweise Tusche aus Erdbeersaft selbst herstellt, kann man dieses Verfahren (das im Vergleich zu einem im Handel gekauften Produkt preiswerter sowie umweltfreundlicher ist und ohne Zusatzstoffe oder übermäßige Verpackung auskommt) nur begrüßen. Bei den verschiedenen Rezepten habe ich versucht, Zutaten, die wir im Haus hatten, den Vorzug zu geben. Außerdem stelle ich Alternativen vor, mit denen sich Lebensmittelfarben gut ersetzen lassen: So kann man etwa farbige Tinten aus eingekochtem Gemüsesaft herstellen (siehe Veggie-Farben auf S. 32) oder aus gebrauchten Filzstiften (siehe Filzstift-Tinten auf S. 36).

Und dann ist da noch die Befriedigung, die man verspürt, wenn man Farben und Materialien selbst herstellt. Durch die Beteiligung der Kinder am Ausprobieren dieser Rezepturen lernen sie viel über das wirkliche Leben: Anleitungen lesen, abwiegen, messen, addieren, Ratschläge befolgen, Wege finden, um einen zu flüssigen Teig zu verbessern ... Die Mathematik ist dabei sehr präsent!

Ich versuche, diesen Ansatz in meinem Unterricht zu beherzigen: Je intensiver die Kinder miteinbezogen werden, umso mehr Spaß haben sie an der Aktivität, und desto mehr lernen sie. Ich stelle ihnen beispielsweise das Rezept für Knetmasse vor, und in Dreier- oder Vierergruppen mixen sie die Masse selbstständig zusammen. In Gruppen regulieren sie sich gegenseitig: Ein Kind kontrolliert, ob das andere die richtige Menge abgewogen hat, und sie weisen sich einander auch Rollen zu: derjenige, der die Mengen vorbereitet, diejenige, die mischt ... Dies schafft eine Bindung zwischen den Kindern und ein gutes Ergebnis, dank ihrer Teamarbeit.

Zu Hause, mit meinem Sohn, der jünger ist als meine Schüler*innen, messen wir die Mengen gemeinsam ab. Für die Kleinsten ist das Dosieren mit Messwerkzeugen einfacher umzusetzen als mit der Küchenwaage. Mit einem Messlöffel oder -becher zählen sie die Anzahl der benötigten Einheiten und lernen, eine Zahl mit einer Menge zu assoziieren. Und was für ein Spaß es ist, mit dem, was man selbst gemacht hat, zu gestalten!

Ich hoffe, dass ihr bei der Zubereitung all dieser Rezepte genauso viel Freude haben werdet wie ich beim Testen, Verbessern, Abwandeln und Vorstellen! Meine kleinen Experimentierfreudigen verlangen nach mehr, also versuche ich, diese kreativen Aktivitäten regelmäßig einzuplanen.

Viel Spaß beim Gestalten und Weitergeben!

Farben auf Wasserbasis

Diese Farben lassen sich im Nu mit Zutaten herstellen, die wir alle in unseren Küchenschränken haben. Es ist besser, sie nicht auf Vorrat zusammenzumischen, sondern je nach Bedarf – also lieber erst kleine Mengen für die kreative Session anrühren!

10 Minuten – Schwierigkeit ★☆☆

Zutaten

- 2 Mengeneinheiten Mehl
- ½ Mengeneinheit Salz
- ¼ Mengeneinheit Zucker
- 2 Mengeneinheiten Wasser
- ½ Mengeneinheit Geschirrspülmittel (optional)
- ein paar Tropfen Lebensmittelfarbe

Utensilien

- Schüssel
- Messlöffel (oder Messbecher)
- Teelöffel
- mehrere kleine Behälter für die verschiedenen Farben

Tipp

Für die Behälter kann man Eiswürfel- oder Pralinenformen verwenden. Ihre kleinen Mulden ermöglichen es, verschiedene Farben auf derselben »Palette« zu verwenden!

1

Alle Zutaten und Utensilien griffbereit zurechtlegen.

2

Das Mehl in die Schüssel geben.

3

Das Salz hinzufügen und mit dem Löffel untermischen.

4

Dann den Zucker einrieseln lassen und untermischen.

5

Das Wasser unterrühren.

6

Optional das Spülmittel unterrühren, um die Farbe leicht zu binden.

7

Die Masse in so viele Einheiten aufteilen, wie man Farbtöne herstellen möchte.

8

Jede Einheit mit ein paar Tropfen Farbe nach Wunsch vermengen. Fertig.

Tipp

Gerne eine Farbe zweimal auf dieselbe Fläche auftragen, um ein leuchtenderes Ergebnis und eine intensivere Farbwirkung zu erzielen.

Plusterfarben

Ein mit Plusterfarben gemaltes Bild muss in der Mikrowelle erhitzt werden. Man sollte also ein Papier verwenden, das in den Mikrowellenherd passt und stark genug ist, um der Hitze standzuhalten. Durch das Spielen mit der Garzeit lässt sich die endgültige Textur der Farbe variieren. Nach 10 Sekunden ist sie noch weich, nach 20 Sekunden fester und nach 30 Sekunden hart.

etwa 10 Minuten – Schwierigkeit ★☆☆

Zutaten

- 1 Mengeneinheit Mehl
- 1 Mengeneinheit feines Salz
- 2 Mengeneinheiten Wasser
- ½ Mengeneinheit Hefe (oder Natriumbicarbonat)
- ein paar Tropfen Lebensmittelfarbe

Utensilien

- Schüssel
- Messlöffel (oder Messbecher)
- Teelöffel
- mehrere kleine Behälter für die verschiedenen Farbtöne
- Mikrowellenherd

1

Alle Zutaten und Utensilien griffbereit zurechtlegen.

2

Das Mehl in die Schüssel geben.

3

Salz und Hefe untermischen.

4

Das Wasser untermengen.

5

Die Masse auf mehrere kleine Behälter verteilen, um die verschiedenen Farbtöne anzumischen.

6

Die jeweilige Masse mit Lebensmittelfarben abtönen.

7

Das Motiv malen und dann für bis zu 30 Sekunden in der Mikrowelle erhitzen, sodass die Farbe aufquillt.

8

Je nach der Menge der aufgetragenen Farbe entstehen unterschiedliche Volumina.

Tipp

Beim Garen wellt sich das Papier. Um es zu glätten, kann man Bücher (oder andere schwere und flache Gegenstände) auf das Gemälde legen, nachdem man es aus der Mikrowelle geholt hat.

Fensterfarben

Diese Farbe kann aus Gouache- oder Lebensmittelfarben hergestellt werden, je nachdem, was man gerade zur Hand hat. Nach dem Trocknen lässt sie sich leicht mit Wasser und einem Schwamm entfernen. Wenn man dann mit Glasreiniger nacharbeitet, ist das Fenster im Nu wieder klar.

5 Minuten – Schwierigkeit ★☆☆

Zutaten

- 1 Mengeneinheit Geschirrspülmittel
- 3 Mengeneinheiten Gouachefarben (oder ein paar Tropfen Lebensmittelfarbe)
- 2 Mengeneinheiten Maisstärke

Utensilien

- Schale
- Messlöffel (oder Esslöffel)
- Pinsel

1

Alle Zutaten und Utensilien griffbereit zurechtlegen.

2

Das Spülmittel in die Schale geben.

3

Die Gouachefarbe untermischen.

4

Zum Schluss die Mischung mit Speisestärke andicken. Die Farbe ist fertig! Man kann auch noch weitere Farbtöne herstellen.

Badezimmerfarben

Diese Badezimmerfarben sind nicht so stark deckend wie normale Farben, aber sie ermöglichen es, die Kacheln über der Badewanne oder in der Dusche zum Spaß zu bemalen, ohne sie zu beschädigen.

10 Minuten – Schwierigkeit ★☆☆

Zutaten

- 30 g Duschgel
- 20 g Maisstärke
- 10 g Wasser
- ein paar Tropfen Lebensmittelfarbe

Utensilien

- Schüssel
- Küchenwaage
- Teelöffel
- Eiswürfelform (oder andere kleine Behälter), in die die verschiedenen Farben gefüllt werden

1

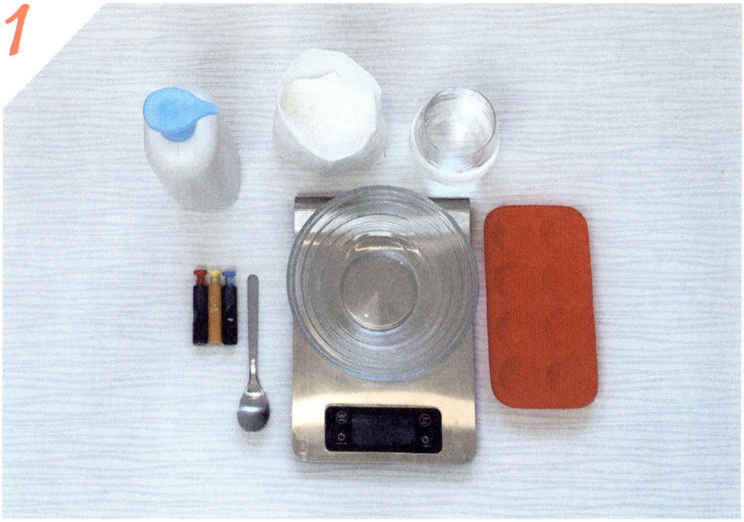

Alle Zutaten und Utensilien griffbereit zurechtlegen.

2

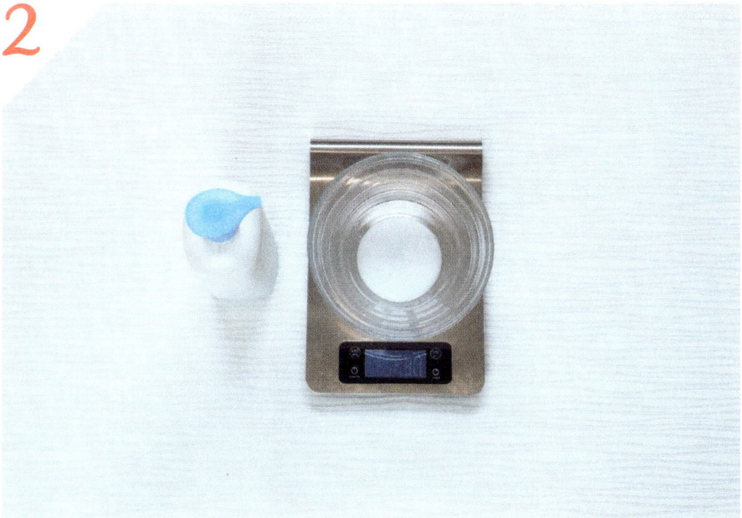

Die Schüssel auf die Küchenwaage stellen und 30 g Duschgel abwiegen.

3

20 g Maisstärke hinzufügen und mit dem Teelöffel verrühren.

4

10 g Wasser untermischen.

5

Die Masse gleichmäßig auf die Mulden der Form verteilen (etwa 6 Mulden, je nachdem, wie viel Masse man in die erste Mulde füllt).

6

Die Masse in den Mulden mit Lebensmittelfarben abtönen und mit dem Stiel des Löffels umrühren. Die Farben sind bereit zur Verwendung!

Tipp

Diese Farbe hinterlässt keine Flecken an den Kacheln der Badewanne oder Dusche. Man kann dem Kind ein Tuch geben, sodass es die Malerei wegwischen und neu beginnen kann.

Blasenfarben

Blasenfarbe ist ideal, um Hintergründe für wunderschöne Malereien zu kreieren! Man kann ruhig einen dunkleren Farbton wählen, da die Farbe beim Trocknen heller wird. Da sie relativ schnell trocknet, kann sie schnell nach Lust und Laune übermalt oder bedruckt werden.

5 Minuten – Schwierigkeit ★☆☆

Zutaten

- 1 TL Geschirrspülmittel
- 1 TL Gouachefarbe (oder ein paar Tropfen Lebensmittelfarbe)
- 2 TL Wasser

Utensilien

- kleines Gefäß (Eierbecher oder Glas) zum Mischen
- Teelöffel
- Strohhalm
- Papier

Tipp

Bei dieser Technik kann es leicht zu Spritzern kommen. Daher sollte man für die richtige Kleidung und ausreichend Abdeckung sorgen.

1

Alle Zutaten und Utensilien griffbereit zurechtlegen.

2

Das Spülmittel und die Gouachefarbe (oder Lebensmittelfarbe) in das Mischgefäß geben.

3

Mit dem Teelöffel umrühren, bis eine homogene Mischung entsteht.

4

Das Wasser untermischen.

5

Mit dem Strohhalm in die Mischung pusten, um Blasen zu bilden, die aus dem Behälter herausragen. Das Gefäß ruhig kippen, um mehr Flüssigkeit in den Strohhalm zu bekommen.

6

Das Papier an die Blasen heranführen, um einen Abdruck zu erhalten.

7

Den Vorgang wiederholen, indem man das Papier bewegt und jedes Mal pustet, um neue Blasen aufsteigen zu lassen. Das Papier flach ausgebreitet trocknen lassen. Die Farbe wird leicht verblassen.

Variante

Mit Blasenfarben lassen sich schöne, zarte Hintergründe gestalten, die mit Glas- und Topfdrucken verziert werden können.

Grüner Öko-Spartipp!

Man kann auch eine fast leere Spülmittelflasche horizontal halbieren und die Gouache- oder Lebensmittelfarbe samt dem Wasser hineinfüllen. Die Seifenreste an den Seiten der Flasche reichen aus, um die Blasenfarbe herzustellen!

Kristallfarben

Kristallfarbe hat eine sehr spezielle Textur und verfestigt sich beim Trocknen. Man sollte es vermeiden, das Papier nach dem Trocknen zu biegen, da dies zu Rissen in der Farbschicht führen kann.

10 Minuten – Schwierigkeit ★☆☆

Zutaten

- 50 g Zucker
- 1 EL Wasser
- ein paar Tropfen Lebensmittelfarbe

Utensilien

- mikrowellenfeste Schüssel
- Esslöffel
- Messbecher mit Gewichtsanzeige (oder Küchenwaage)
- Mikrowellenherd

1

Alle Zutaten und Utensilien griffbereit zurechtlegen.

2

Den Zucker in die Schüssel geben.

3

Das Wasser hinzufügen.

4

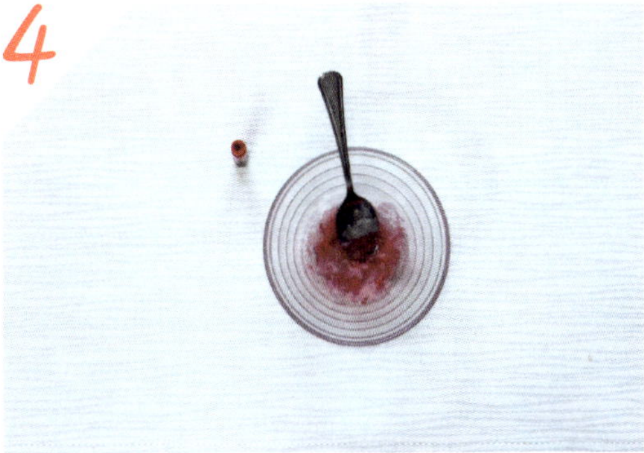

Den Zucker mit Lebensmittelfarbe einfärben und untermischen.

5

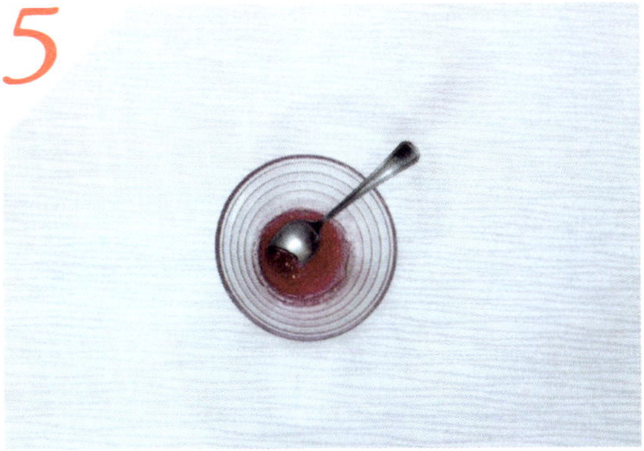

30 Sekunden in der Mikrowelle erhitzen: Die Mischung wird flüssig und sirupartig, wobei die Zuckerkörner erhalten bleiben.

6

Die Mischung vermalen. Nach dem Trocknen härtet die Kristallfarbe zu einer glitzernd strukturierten Schicht aus.

Ölfarbe

Dieses farbkräftige Öl ist eine gute Möglichkeit, fast aufgebrauchte Lippenstiftreste zu recyceln. Vermischt mit Pflanzenöl ergeben sie eine flüssige Ölfarbe, die auf zu dünnem Papier durchschlagen kann – was kein Problem ist, wenn man nicht vorhat, die Rückseite zu verwenden, aber ein festes Kartonpapier ist besser geeignet.

10 Minuten – Schwierigkeit ★☆☆

Zutaten

- 1 Lippenstiftrest
- 1 TL Pflanzenöl

Utensilien

- Schüssel
- Teelöffel
- feiner Pinsel

1

Alle Zutaten und Utensilien griffbereit zurechtlegen.

2

Den Stummel des Lippenstiftrests mit dem Stiel des Löffels aus der Lippenstifthülse lösen und in die Schüssel geben. Den Löffelstiel säubern.

3

Den Lippenstiftrest mit dem Löffelrücken zerdrücken.

4

Das Öl hinzufügen.

5

Mischen, bis keine Klumpen mehr vorhanden sind. Es dauert eine Weile, bis sich der Lippenstiftrest mit dem Öl vermischt.

6

Die Ölfarbe ist fertig! Zur Aufbewahrung optional in ein luftdicht verschließbares Einweckglas füllen.

Veggie-Farben

Mit Obst und Gemüse oder anderen Zutaten aus der Küche kann man alle möglichen Farben herstellen. Es ist daher eine gute Idee, farbigen Saft, der beim Zubereiten von Mahlzeiten entsteht, aufzubewahren. Hier stelle ich nur ein paar Lebensmittel vor, aber man kann noch viele andere ausprobieren!

20 Minuten – Schwierigkeit ★☆☆
(inklusive vorherigem Kochen der Lebensmittel, die dies erfordern)

Zutaten

- Himbeeren
- aufgebrühter Tee
- Spinat

Utensilien

- 2 kleine Gläser pro Zutat
- feines Teesieb
- Kochtopf

1

Den Himbeersaft, den Tee und den Spinatsaft jeweils in ein Glas abseihen.

2

Die Hälfte des Spinatsaftes in den Topf gießen und zum Kochen bringen. Im Auge behalten: Der Saft wird dunkler.

3

Sobald die gewünschte Farbtiefe erreicht ist vom Herd nehmen und den Saft in ein weiteres Glas gießen. So entsteht ein zweiter, dunklerer Grünton.

4

Den Vorgang mit den anderen Zutaten wiederholen. Hier auf dem Bild sind zwei Farbtöne zu sehen, die aus dem Himbeersaft gewonnen wurden.

5

Hier sind zwei Nuancen von Tee zu sehen. Die Farben können anfangs sehr hell erscheinen, werden aber beim Trocknen dunkler.

Tipp

Man kann die Veggie-Farben miteinander mischen, um neue Farbtöne zu erhalten.

Für die Herstellung der pflanzlichen Farben können verschiedenste Lebensmittel aus der Küche verwendet werden: Gewürze, zerstoßene oder aufgebrühte Blütenblätter, Früchte, Gemüse usw.

Hinweis

Die Veggie-Farben lassen sich maximal 1–2 Tage aufbewahren, da sie aus Lebensmitteln bestehen, die sich zersetzen.

Filzstift-Tinten

Oft werfen wir Filzstifte, die nicht mehr richtig funktionieren, einfach weg. Es ist jedoch oft noch Farbe im Inneren vorhanden. Mit diesem Rezept kann die hergestellte Flüssigkeit wie farbige Tinte zum Zeichnen oder Sprühen verwendet werden. Man benötigt möglicherweise mehrere Filzstifte, um eine ausreichende Menge an Tinte zu erhalten.

10 Minuten + 24 Stunden Einweichzeit

Schwierigkeit ★☆☆

Zutaten

- ausgetrockneter Filzstift
- Wasser

Utensilien

- ausrangiertes Einweckglas
- Schere
- Hammer

1

Alle Zutaten und Utensilien griffbereit zurechtlegen.

2

Die Spitze des Filzstiftes mit der Schere abschneiden und in das Glas geben.

3

Die Faserpatrone im Inneren der Röhre herauslösen, indem man den Stift mit dem Hammer in zwei Hälften bricht. Behutsam vorgehen!

4

Die Faserpatrone mit der Schere in Stücke schneiden und in das Glas geben.

Tipp

Es empfiehlt sich, die Fasern auszudrücken, um die Farbe herauszupressen!

5

Einige Milliliter Wasser hinzufügen, um eine intensive Farbe zu erhalten. Die besten Ergebnisse erzielt man, wenn man die Faserpatronenstücke 24 Stunden lang einweicht.

6

Die Faserpatronenstücke aus dem Glas entfernen. Die entstandene Lösung lässst sich wie farbige Tinte oder Wasserfarbe verarbeiten.

Tipp

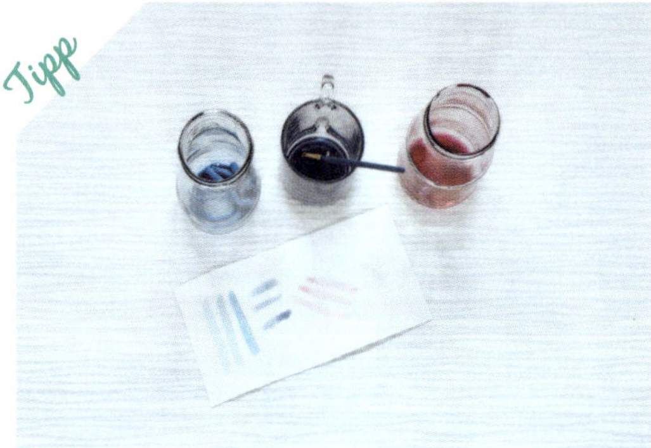

Durch das Vermischen der Lösung mit anderen lassen sich neue Farbtöne oder größere Mengen herstellen.

Variante

Optional kann die Lösung zur Gestaltung von Hintergründen auch mittels einer Sprühflasche aufgesprüht werden.

Knetmasse

Da Knetmasse glatt und formbar sein muss, ist ihre Zubereitung nicht ganz einfach. Mögliche Klumpen müssen entfernt und oft muss die Mehlmenge angepasst werden. Die Textur dieser selbst gemachten Knetmasse ist weicher als die des handelsüblichen Produkts, aber ebenso formbar. Die Farbe wird von Anfang an beigegeben, um eine einheitliche Färbung zu erzielen.

15 Minuten – Schwierigkeit ★★★

Zutaten

- 50 g Wasser
- ein paar Tropfen Lebensmittelfarbe
- 100 g Mehl
- 1 EL feines Salz
- 1 TL Natriumbicarbonat (oder Backpulver)
- 1 EL Pflanzenöl

Utensilien

- Glas
- Rührschüssel
- Teelöffel
- Esslöffel
- Schneebesen
- Küchenwaage (oder ein Messbecher, in diesem Fall 50 ml Wasser abmessen)

Alle Zutaten und Utensilien griffbereit zurechtlegen.

Das Wasser in das Glas geben und mit Lebensmittelfarbe vermischen.

Das gefärbte Wasser in die Schüssel gießen und das Mehl untermengen, sodass ein möglichst glatter Teig entsteht.

Salz, Natriumbikarbonat und Öl untermischen. Falls der Teig zu klebrig ist, etwas mehr Mehl einarbeiten, falls er zu trocken ist, mehr Wasser.

Den Teig einige Minuten lang kneten, damit er später gut geformt werden kann.

Die Knetmasse kann problemlos in einem luftdicht verschlossenen Beutel aufbewahrt werden, allerdings nicht länger als ein paar Tage.

Knetmasse zum Baden

Maisstärke ist hierbei Mehl vorzuziehen, denn Mehl macht den Teig weicher, aber es zerfällt schnell im Wasser. Mit Maisstärke reagiert der Teig beständig auf Feuchtigkeit und kann sogar bedenkenlos beim Baden untergetaucht werden.

15 Minuten – Schwierigkeit ★★☆

Zutaten

- 50 g Duschgel
- ein paar Tropfen Lebensmittelfarbe (optional)
- 1 EL Pflanzenöl
- 85 g Maisstärke

Utensilien

- Rührschüssel
- Esslöffel
- Teigschaber
- Küchenwaage

1

Alle Zutaten und Utensilien griffbereit zurechtlegen.

2

Die Schüssel auf die Küchenwaage stellen und 50 g Duschgel abwiegen. Optional den Teig mit Lebensmittelfarbe einfärben.

3

Das Öl hinzufügen und mit dem Teigschaber untermischen.

4

Zuletzt 85 g Maisstärke abwiegen und untermischen.

5

Den Teig mit dem Teigschaber anheben und wenden, um die gesamte Stärke einzuarbeiten.

6

Zum Schluss den Teig mit den Händen kneten. Er wird ziemlich fest werden.

Hinweis

Es ist nicht ratsam, die Badeknete nach der Verwendung aufzubewahren. Sie kann sich sogar ganz auflösen, wenn das Kind eine Weile damit gespielt hat! Wichtig ist außerdem, Badewanne oder Dusche nach dem Knetvergnügen gründlich zu reinigen, damit keine Stärkereste den Abfluss verstopfen.

Modelliermasse

Diese selbst aushärtende Modelliermasse muss vor dem Formen erhitzt werden. Das ist etwas verwirrend, und es dauert eine Weile, bis die Textur dann plötzlich von flüssig zu fest wird. Also keine Sorge, wenn der Teig zunächst zu weich wirkt – er dickt beim Kochen an!

15 Minuten + Backzeit

Schwierigkeit ★★☆

Zutaten

- 1 Mengeneinheit Maisstärke
- 2 Mengeneinheiten Natrium-bicarbonat
- 1 Mengeneinheit kaltes Wasser
- ein paar Tropfen Lebensmittel-farbe (optional)

Utensilien

- Rührschüssel
- Messeinheit (Größe je nach gewünschter Menge der Masse)
- Kochtopf
- Kochlöffel
- Teelöffel
- Schneebesen

1

Alle Zutaten und Utensilien griffbereit zurechtlegen.

2

Die Stärke in die Schüssel geben.

3

Das Natriumbicarbonat untermischen.

4

Das kalte Wasser hinzufügen (optional mit Lebensmittelfarbe vermengt) und mit dem Schneebesen zu einer homogenen Mischung verrühren.

5

Die Mischung in den Topf gießen. Bei geringer Temperatur unter Rühren erhitzen, bis ein fester Teig entsteht. In der gesäuberten Schüssel abkühlen lassen.

6

Den Teig kneten, um ihn geschmeidiger zu machen. Er ist sofort einsatzbereit.

Hinweis

Die aus dem Teig geformten Kreationen müssen mehrere Tage trocknen, um auszuhärten, und sollten dabei mehrmals gewendet werden.

Tipp

Nach dem Trocknen können die Figuren bemalt und lackiert werden, um ihnen zusätzlichen Charme zu verleihen. Dies macht sie außerdem haltbarer.

Salzteig

Salzteig ist ein Klassiker, der immer funktioniert. Da es für die Backzeit keine feste Regel gibt, muss man ihn lediglich im Auge behalten. Anschließend kann man die Kreationen bemalen und lackieren, um ihnen ein schönes, glänzendes Aussehen zu verleihen.

15 Minuten + Trocknungs- und Backzeit – Schwierigkeit ★★☆

Zutaten

- 1 Tasse feines Salz
- 2 Tassen Mehl
- 1 Tasse lauwarmes Wasser
- ein paar Tropfen Lebensmittelfarbe (optional)

Utensilien

- Tasse (oder andere Messeinheit, je nach gewünschter Menge)
- Rührschüssel
- Kochlöffel
- Esslöffel

1

Alle Zutaten und Utensilien griffbereit zurechtlegen.

2

Salz und Mehl in die Schüssel geben und mit dem Kochlöffel vermischen.

3

Das lauwarme Wasser hinzufügen und alles zu einem glatten Teig verrühren. Falls er zu klebrig ist, Mehl einarbeiten, falls zu trocken, Wasser.

4

Den Teig kneten, damit er geschmeidig wird. Dann ist er bereit zum Verarbeiten.

Über Nacht antrocknen lassen

Die Kreationen sollten 12 Stunden lang trocknen, aber nicht länger als 24 Stunden, sonst könnte der Teig reißen.

Im Ofen backen

Die Kreationen im Backofen bei etwa 100 °C backen, wobei die Backzeit von der Größe der Formen abhängt. Für Formen von der Größe einer Medaille etwa sollte man mindestens 2 Stunden einplanen. Sobald sie abgekühlt sind, kann man sie bemalen und lackieren.

Magischer Sand

Dieses Material ist einfach und schnell zubereitet. Seine Beschaffenheit erlaubt es, es zu formen, wie man es am Strand mit nassem Sand tun würde. Es können herkömmliche Sandformen verwendet werden ... oder Küchenutensilien. Der Magische Sand kann in einem luftdicht verschlossenen Beutel mehrere Wochen aufbewahrt werden.

5 Minuten – Schwierigkeit ★☆☆

Zutaten

- 7 Mengeneinheiten Mehl
- 1 Mengeneinheit Pflanzenöl nach Wahl (Speiseöl oder Süßmandelöl)
- 2 farbige Tafelkreiden, zum Einfärben (optional)

Utensilien

- Rührschüssel
- Tasse (oder andere Messeinheit, je nach gewünschter Menge)
- Kochlöffel
- Küchenreibe (für die Kreide)

1

Alle Zutaten und Utensilien griffbereit zurechtlegen.

2

Das Mehl in die Schüssel geben.

3

Das Öl zum Mehl geben.

4

Mit dem Kochlöffel vermischen, bis krümelige Klumpen entstehen.

5

Mit der Hand zerbröseln, um die Krümel zu zerkleinern.

6

Um den Magischen Sand einzufärben, nun die beiden Kreiden in die Mischung reiben.

7

Alles vermengen, um eine einheitliche Färbung zu erzielen.

8

Wenn man den Sand in den Händen drückt, hält er die Form und ist nun einsatzbereit.

Tipp

Man kann alle möglichen Utensilien verwenden, die man zu Hause hat, um den Sand zu formen: Ausstechformen, Gläser, Schüsseln, Töpfe, Kellen ...

Rubbelfarbe

Je mehr Farbschichten man auf das Untergrundmaterial aufträgt, umso leichter lassen sich Linien und Muster hineinritzen. Für eine Farbwirkung, die den handelsüblichen Rubbellosen nahekommt, kann man Gold- oder Silberfarbe verwenden, auch wenn die Textur weicher ausfällt. Rubbelkarten, Überraschungscoupons, geheime Botschaften … Alles ist möglich!

5 Minuten + Trocknungszeit (mindestens 3 Stunden)

Schwierigkeit ★★☆

Zutaten

- 2 Mengeneinheiten Farbe (Acrylfarbe für ein helleres Ergebnis, Gouachefarben funktionieren aber auch)
- 1 Mengeneinheit Geschirrspülmittel

Utensilien

- Schüssel
- kleines Gefäß als Messeinheit (Eierbecher, Messlöffel …)
- Pinsel
- durchsichtiges Klebeband (vorzugsweise breit)
- Backpapier
- Schere
- Trägermaterial (Karten, Spiele, Zeichnungen usw.)

1

Alle Zutaten und Utensilien griffbereit zurechtlegen.

2

Farbe und Spülmittel in die Schüssel geben.

3

Direkt mit dem Pinsel vermischen.

4

Je nach Größe des zu beklebenden Untergrundmaterials ein etwas größeres Stück Backpapier ausschneiden und es mit Klebeband bekleben.

5

Mit dem Pinsel eine dicke Farbschicht auf das Klebeband auftragen, breiter als die zu beklebende Fläche. Je nach Dicke etwa 1 Stunde trocknen lassen.

6

Eine zweite Schicht auftragen und trocknen lassen. Falls erforderlich, eine dritte Schicht auftragen. Gründlich trocknen lassen.

7

Stücke vom Backpapier-Farb-Klebeband abschneiden, die groß genug sind, um die gewünschten Flächen des Untergrundmaterials zu bedecken. Das Klebeband vom Backpapier ablösen und auf das Untergrundmaterial kleben.

8

Nun kann die Farbe abgerubbelt oder mit eingeritzten Mustern versehen werden!

Tipp

Wenn die abzurubbelnde Fläche groß ist, kann man auch transparente Klebefolie direkt aufkleben und mit Farbe bepinseln.

Gipskreiden

Die Herstellung von Kreide kann zu einer ziemlichen Sauerei werden, daher empfiehlt es sich, robuste Utensilien zu verwenden und die Arbeitsfläche gut abzudecken. Der Gips härtet schnell aus, daher sollte man lieber kleine Mengen in mehreren Chargen anrühren – nicht eine große Portion, die fest werden könnte, bevor man sie in die Formen abgefüllen kann.

15 Minuten – Schwierigkeit ★★★

Zutaten

- 2 Mengeneinheiten Gipspulver
- 1 Mengeneinheit Wasser
- Gouachefarben

Utensilien

- Schüssel
- kleines Gefäß als Messeinheit (Eierbecher, Messlöffel ...)
- Teigschaber
- Backpapier, Schere und Kleber
- Silikonform (für Eiswürfel oder Pralinen)

1

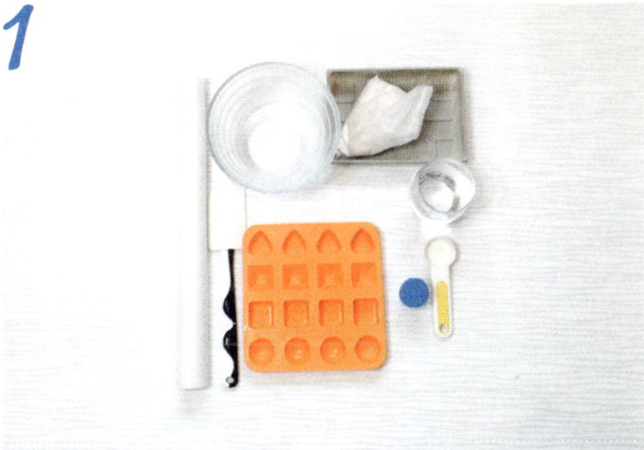

Alle Zutaten und Utensilien griffbereit zurechtlegen.

2

Das Gipspulver in die Schüssel geben.

3

Das Wasser mit dem Teigschaber untermengen. Die Mischung ist noch recht flüssig, aber der Gips härtet recht schnell aus. Daher nicht gleich mehr Gips hinzufügen, sondern gegebenenfalls später.

4

Nach Belieben Gouachefarbe untermischen (gerne eine ordentliche Menge, um eine intensive Farbe zu erhalten). Die Mischung sollte nun eine pastenartige Konsistenz haben.

5

Es gibt zwei Möglichkeiten zum Abfüllen der Masse: in eine Silikonform (die einfachste Variante) oder in zu Röhren gerolltes Backpapier (um längliche Kreidestifte zu erhalten).

6

Für die erste Variante die Mischung in die Mulden der Form füllen und die Form mehrmals sanft auf die Arbeitsfläche klopfen, damit eventuelle Luftblasen entweichen. Aushärten lassen.

7

Für die Stift-Variante ein rechteckiges Stück Backpapier ausschneiden und etwas Kleber entlang einer der Längsseiten auftragen. Mittig einen Streifen Gipsmasse daraufgeben.

8

Das Papier zu einer Rolle aufrollen und die eine Längsseite auf die andere kleben (wenn die Gipsmischung zu weich ist, um in Form zu bleiben, sie ein paar Minuten an der Luft stehen lassen). Aushärten lassen und dann das Backpapier ablösen.

Tipp

Für eine mehrfarbige Kreide verschiedenfarbige Gipsmischungen vorbereiten, die man dann jeweils in eine einzelne Silikonbackform (in diesem Fall eine Sternform) füllt. Dabei darauf achten, dass sich die Gipsmischungen an ihren Berührungsflächen verbinden. Man kann sie anfeuchten, damit sie besser aneinanderhaften.

Wachsmalkreiden

Diese Wachsmalkreiden kann man aus Kerzenresten herstellen, wobei man das Wachs mit einem Messer von den Dochten oder aus den Teelichtschälchen löst. Beim Schmelzen des Wachses ist Vorsicht geboten: Man darf es nicht zu stark erhitzen, um Spritzer zu vermeiden. Und man darf Wachs keinesfalls im Ofen oder in der Mikrowelle erhitzen, da dies einen Brand verursachen könnte!

20 Minuten + 2 Stunden Abkühlzeit

Schwierigkeit ★★★

Zutaten

- Kerzenwachsreste (ohne Dochte oder andere Festkörper)
- farbige Kreiden (es genügen Stücke)

Utensilien

- kleinerer Kochtopf
- größerer Kochtopf
- Küchenreibe
- Schüssel
- Teelöffel
- Silikonform(en) für Pralinen oder Eiswürfel

1

Alle Zutaten und Utensilien griffbereit zurechtlegen. Die Kerzenwachsreste (ohne Docht oder Festkörper) in kleine Stücke zerkrümeln.

2

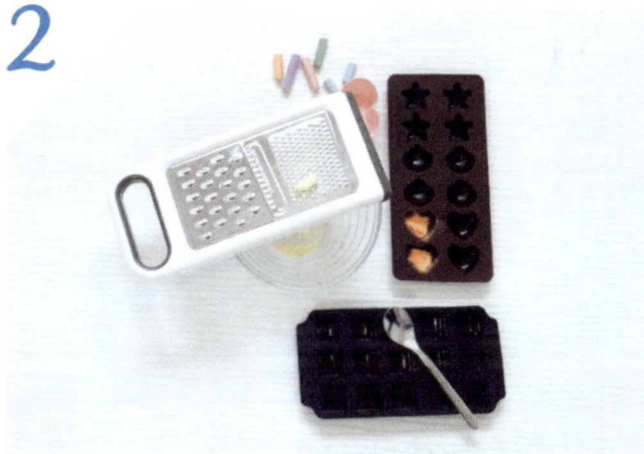

Jede Kreide einzeln über der Schüssel zerreiben und das entstehende Pulver portionsweise auf die Böden der Form(en) geben. Man kann verschiedene Farben vorbereiten.

3

Das Wachs im Wasserbad schmelzen: Hierfür den kleinen Topf in den größeren stellen, in den größeren Topf Wasser einfüllen und die Wachsreste in den kleinen Topf geben. Das Wachs bei geringer Temperatur erhitzen.

4

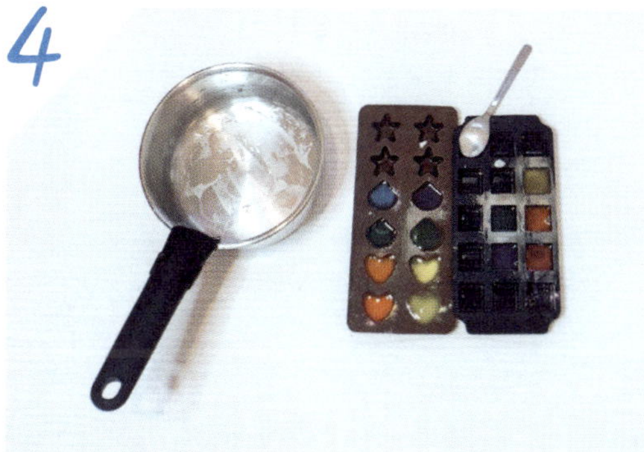

Sobald das Wachs flüssig ist, es in die Mulden der Form gießen.

5

Wachs und Kreidepulver mit dem Stiel des Teelöffels sorgfältig vermischen. Andernfalls bleibt das Kreidepulver am Boden und bröckelt beim Herausnehmen aus der Form.

6

Mindestens 2 Stunden abkühlen und fest werden lassen. Das Wachs wird heller.

7

Die Wachsmalkreiden behutsam aus der Form lösen. Das Kreidepulver hat sich am Boden der Form gesammelt, daher lässt es sich mit der unteren Seite der Wachsmalkreiden besonders gut malen!

8

Und nun viel Spaß!

Grüner Öko-Spar-Tipp

Wenn eine Wachsmalkreide fast aufgebraucht ist, kann man die Reste sammeln und daraus eine neue Wachsmalkreide herstellen!

Variante

Die Kreidepulverseite trägt die meisten Farbpigmente in sich, aber mit der Wachsseite lassen sich tolle Geheimschrift-Effekte erzielen. Wenn man mit der Wachsseite auf Papier zeichnet oder schreibt, sind diese Zeichen zunächst unsichtbar. Sobald man dann mit Veggie-Farben (siehe Rezept auf S. 32) oder Filzstift-Tinte (siehe Rezept auf S. 36) darüber pinselt, bilden sich die Zeichen als Aussparung deutlich ab.

Büttenpapier

Handgeschöpftes Papier kann aus allen Arten von recycelten Fasern hergestellt werden: Zeitungen, Geschenkpapier, Werbeprospekte und sogar Eierkartons oder Pappverpackungen. Die Papierpulpe kann eingefärbt, mit Blütenblättern, Glitter oder sogar Samenkörnern vermischt und dann für die Herstellung von edlen Gruß- oder »Saatkarten« verwendet werden. Aus einem trockeneren Fasergemisch kann man sogar Skulpturen formen (siehe Tipp).

25 Minuten + Abkühlzeit

Schwierigkeit ★★☆

Zutaten

- Papierreste
- kochendes Wasser
- Lebensmittelfarbe, Glitter, Blütenblätter, keimfähige Samenkörner etc. ...

Utensilien

- hitzebeständiger Standmixer
- Wasserkocher (oder Kochtopf)
- großes Kunststofftablett zum Unterlegen

Zum Herstellen der Papierbogen:

- Papierschöpfsieb (oder feinmaschiger Draht auf Rahmen)
- Wanne (oder Tablett), die 4 cm hoch Flüssigkeit bergen kann
- 2 Geschirrtücher (oder Leinenstücke)
- scharfes Messer

1

Alle Zutaten und Utensilien zurechtlegen.

2

Die Papierreste in kleine Stücke reißen und in den Mixbehälter des Mixers geben. Das Wasser im Wasserkocher zum Kochen bringen.

3

Die Papierreste mit kochendem Wasser übergießen und 10 Minuten quellen lassen.

4

Das Papier im Mixer pürieren, bis ein ziemlich glatter Papierbrei entstanden ist. Abkühlen lassen.

Tipp

Wer aus den Papierresten Pappmaché herstellen möchte, kann den Papierbrei durch ein Tuch auspressen, mit Kleister (siehe S. 74) vermischen und zu Skulpturen (oder in Schüsseln zu Schalen) formen. Dann trocknen lassen und bemalen.

5

Den Papierbrei in die Wanne geben und nach Bedarf mit Wasser verdünnen, sodass die Pulpe mindestens 4 cm hoch in der Wanne steht. Optional Farbe, Glitter usw. untermengen.

6

Das Papierschöpfsieb in die Wanne tauchen und darauf achten, dass sich die Papierpulpe gleichmäßig darüber verteilt.

7

Eines der beiden Küchentücher auf das Kunststofftablett legen.

8

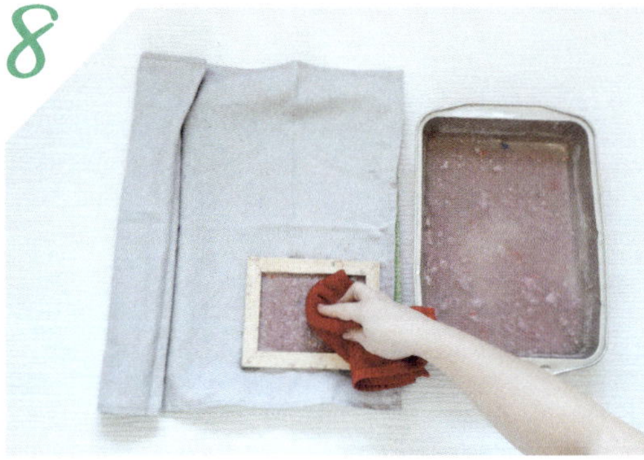

Das Papierschöpfsieb samt Pulpenschicht waagerecht aus der Wanne heben, kurz abtropfen lassen und auf das Tuch legen. Mit dem zweiten Tuch abtupfen.

Hinweis

Wer keine ausreichend breite Wanne zur Verfügung hat, kann ein tiefes Backblech verwenden.

9

Sobald das überschüssige Wasser entfernt ist, mit der Klinge des Messers um das Sieb herumfahren: So lässt sich das Papier gut ablösen.

10

Das Sieb samt Papierschicht auf dem Tuch kopfüber wenden.

11

Behutsam so auf Papierschicht und Sieb klopfen, dass die Papierschicht auf das Tuch fällt. Trocknen lassen.

Das getrocknete Schöpfpapier zu edlen Grußkarten oder »Saatkarten« (siehe Tipp) verarbeiten.

Tipp

Wenn man der Papierpulpe keimfähige Samenkörner untergemengt hat, legt man die »Saatkarte« auf ein Erdbett, befeuchtet sie mit einer Sprühflasche und bedeckt sie mit einer dünnen Schicht Erde. Die Samen werden keimen und aus dem Papier geradezu herausspringen!

Kleister

Kleister ist schnell und einfach herzustellen. Die einzige Schwierigkeit besteht darin, Mehl und Wasser so zu mischen, dass keine Klumpen entstehen. Man kann mit dem Kleister Gegenstände mit Papierstreifen, Zeitungspapier oder dünnem Stoff bekleben oder ihn als Bindemittel bei der Herstellung von Pappmaché verwenden, um dreidimensionale Formen herzustellen.

15 Minuten + Abkühlzeit

Schwierigkeit ★★☆

Zutaten

- 5 Mengeneinheiten Wasser
- 1 Mengeneinheit Mehl

Utensilien

- Messlöffel oder Messbecher
- Kochtopf
- Schneebesen
- Schüssel
- Standmixer (optional)

1

Alle Zutaten und Utensilien griffbereit zurechtlegen.

2

Das Wasser im Topf zum Kochen bringen.

3

Sobald das Wasser kocht, das Mehl einrieseln lassen und kräftig mit dem Schneebesen verrühren, um Klumpenbildung zu vermeiden.

4

Ein paar Minuten eindicken lassen und dann vom Herd nehmen. Falls Klumpen vorhanden sind, die Mischung im Mixer pürieren. Abkühlen lassen.

5

Sobald die Mischung handwarm ist, sie in die Schüssel füllen.

6

Mit dem Kleister Gegenstände nach Wahl mit Papierstreifen beziehen und verzieren, wie hier bei diesem kleinen Glas geschehen.

Seifenblasenwasser

Es ist nicht ungewöhnlich, dass einem die Seifenblasenflüssigkeit ausgeht, und dieses einfache Rezept schafft da Abhilfe. Wichtig ist, das abgekochte Wasser vor der Verarbeitung abkühlen zu lassen, um Verbrühungen beim Pusten zu vermeiden.

5 Minuten + 1 Stunde Abkühlzeit

Schwierigkeit ★☆☆

Zutaten

- 2 EL Zucker
- ½ Tasse Geschirrspülmittel
- 2 Tassen Wasser

Utensilien

- Tasse
- Schüssel
- Esslöffel
- Wasserkocher oder Kochtopf
- leere Seifenblasenflasche (oder siehe Tipp auf der rechten Seite für eine Alternative)

Tipp

Wer keine leere Seifenblasenflasche zur Verfügung hat, kann aus Draht einen Seifenblasenring formen. Alternativ kann man auch ein Stück Frotteestoff mit einem Gummiband am Boden einer aufgeschnittenen PET-Flasche befestigen und durch deren Hals pusten.

1

Alle Zutaten und Utensilien griffbereit zurechtlegen.

2

Das Wasser aufkochen und dann abkühlen lassen.

3

Den Zucker mit dem Spülmittel in der Schale vermengen.

4

Das abgekühlte Wasser unterrühren.

7

Die Mischung in eine leere Seifenblasenflasche füllen.

8

Das Seifenblasenwasser ist jetzt einsatzbereit!

Originalausgabe unter dem Titel *Recettes pour fabriquer le matériel créatif des enfants*:
© Mango Editions

Leitung: Guillaume Pô
Redaktionsleitung: Tatiana Delesalle
Redaktion: Hélène Raviart
Redaktionelle Mitarbeit: Valérie Monnet
Künstlerische Leitung: Chloé Eve
Gestaltung: Ambrine Angaud
Satz: Vanessa Paris
Herstellung: Thierry Dubus und Sabine Marioni

Für die deutsche Ausgabe:
Verantwortlich: Mareike Weber
Übersetzung, Satz und Lektorat: VerlagsService Dietmar Schmitz GmbH
Umschlaggestaltung: Helen Garner
Herstellung: Kathleen Baumann
Printed in Spain by GraphyCems

FSC
www.fsc.org
MIX
Papier aus verantwortungsvollen Quellen
FSC® C007507

★★★★★

Sind Sie mit diesem Titel zufrieden? Dann würden wir uns über Ihre Weiterempfehlung freuen. Erzählen Sie es im Freundeskreis, berichten Sie Ihrem Buchhändler oder bewerten Sie beim Onlinekauf.
Und wenn Sie Kritik, Korrekturen oder Aktualisierungen haben, freuen wir uns über Ihre Nachricht an Christophorus Verlag, Postfach 40 02 09, D-80702 München oder per E-Mail an lektorat@verlagshaus.de.

Unser komplettes Programm finden Sie unter

www.christophorus-verlag.de

Die Deutsche Nationalbibliothek verzeichnet diese Publikation in der Deutschen Nationalbibliografie; detaillierte bibliografische Daten sind im Internet über http://dnb.d-nb.de abrufbar.

ISBN 978-3-8411-0262-1

Besuchen Sie uns im Internet:
www.christophorus-verlag.de

Kreativ-Service

Sie haben Fragen zu den Büchern und Materialien? Frau Erika Noll ist für Sie da und berät Sie rund um alle Kreativthemen. Rufen Sie an! Wir interessieren uns auch für Ihre eigenen Ideen und Anregungen. Sie erreichen Frau Noll per E-Mail: **kreativservice@c-verlag.de** oder Tel: **0049-89-1306-99-577.**

Besuchen Sie uns im Internet: www.christophorus-verlag.de